Impressum
Verlag: BABADADA GmbH, Nedderfeld 112 , 22529 Hamburg
Geschäftsführer / Verlagsleitung: Harald Hof
Druck: Books on Demand GmbH, In de Tarpen 42, 22848 Norderstedt

Imprint
Publisher: BABADADA GmbH, Nedderfeld 112 , 22529 Hamburg, Germany
Managing Director / Publishing direction: Harald Hof
Print: Books on Demand GmbH, In de Tarpen 42, 22848 Norderstedt

classe
sukuudanmu

dividir
kyemu

186/2

tauler
twerɛ pono

pati (de l'escola)
sukuu mu

professor
kyerɛkyerɛni

paper
krataa

escriure
twerɛ

estilogràfica
pɛn

ɛpono a yɛyɛ so adwuma

regle
rula

llibre
nwoma

estudiant
sukuuni

bossa

baage

estoig

twerɛdua konko

llapis

twerɛdua

maquineta de fer punta

deɛ yɛde sensen twerɛdua
ano

goma

rɔba

bloc de dibuix

krataa a yɛdwi adeguso

dibuix

adedwie

pinzell

penti brɔhye

capsa de pintures

penti adaka

tisores

apasɔɔ

cola

aman

quadern d'exercicis

nwoma a yɛyɛ mu adwuma

deures

efie adwuma

nombre

nɔma

afegir

kabom

sostreure

te fri mu

multiplicar

mmɔho

calcular

sese

lletra

lɛtɛ

alfabet

ntwerɛeɛ

hello

mot

asɛmfua

text

ntwɛrɛdeɛ

llegir

kenkan

guix

kyɔk

lliçó

adesua

llibre de classe

twerɛ wo din

examen

nsɔhwɛ

certificat

abodinkrataa

uniforme escolar

sukuu ataadeɛ

formació

adesua

enciclopèdia

nyansa nwoma

universitat

suapɔn

microscopi

maakroskop

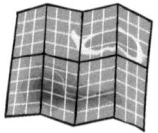

mapa

map

paperera

kɛntɛn a yɛde krataa nwura
gu mu

4

viatge
akwantuo

hotel
ahɔhogyebea
Grand
alberg
hostɛl
ROOMS
oficina de canvi
baabi a yɛ sesa sika
EXCHANGE
maleta
potomanto
automòbil
kaa

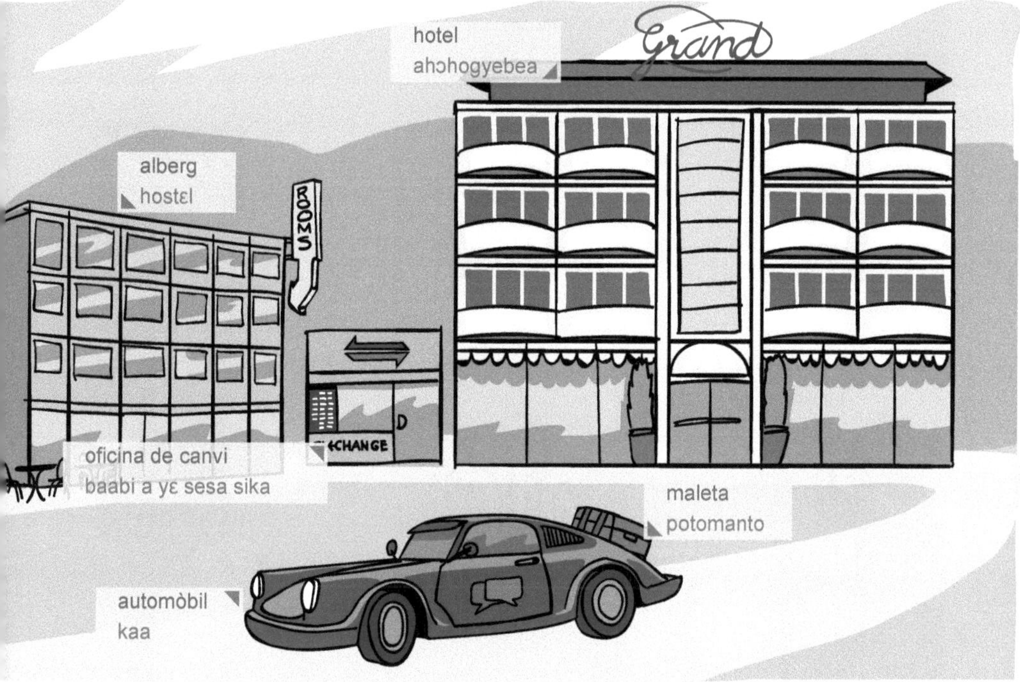

llengua
kasa

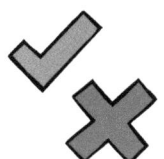

sí / no
aane / dabi

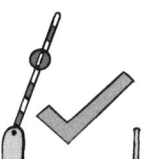

D'acord
Yoo

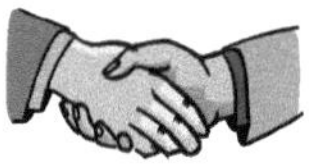

Ey!
hɛlo

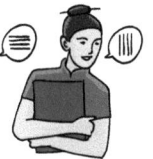

traductora
kasa asekyerɛfoɔ

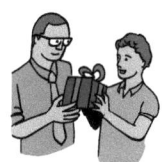

gràcies
Medaase

Quant costa... ?

...boɔ yɛ sɛn?

No entenc

Me nte aseɛ

problema

ɔhaw

Bona nit!

Maadwo!

bon dia!

Maakye!

bona nit!

Dayie!

fins aviat

baibai o

direcció

akwankyerɛ

bagatge

wo nneɛma

bossa

botɔ

sarrona

akyirebotɔ

convidat

ɔhɔhoɔ

cambra

danmu

sac de dormir

botɔ a yɛda mu

tenda

ntomadan

oficina de turisme

nsɛm dema wɔn a wɔkɔ nsrahwɛ

platja

mpoano

carta de crèdit

kaade a yɛde yi sika

esmorzar

anɔpa aduane

dinar

awua aduane

sopar

anwumerɛ aduane

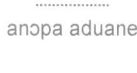

bitllet

tiket

ascensor

pegya

segell

stamp

frontera

ɛhyeɛ so

duana

kutɔmfoɔ

ambaixada

embasi

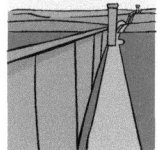

visat

visa

passaport

passpɔt

transport
akɔneabadie

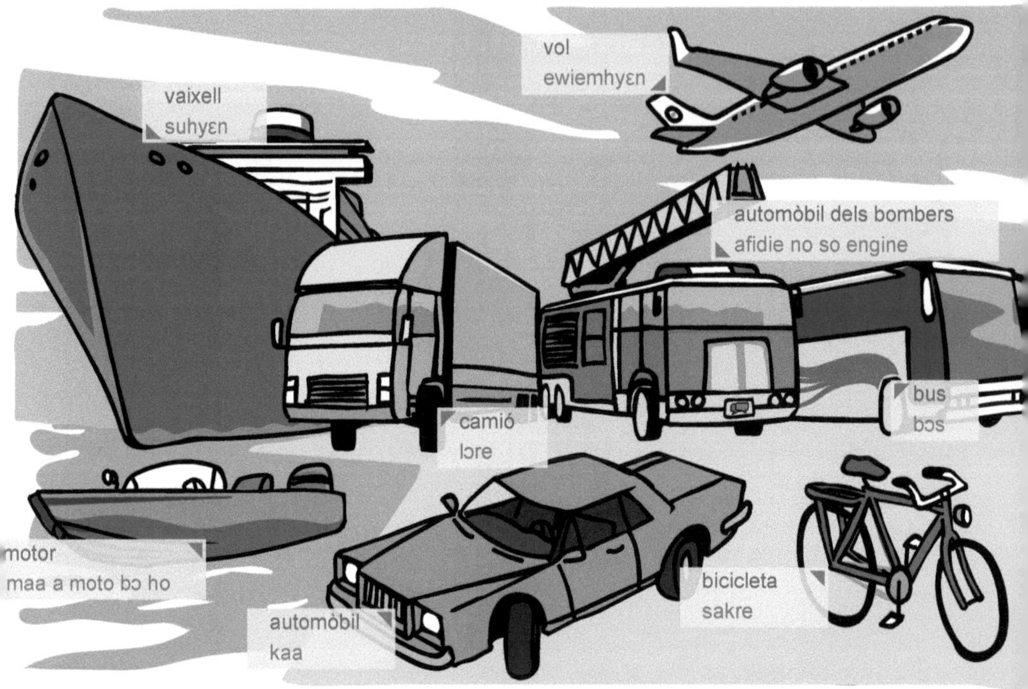
vol
ewiemhyɛn
vaixell
suhyɛn
automòbil dels bombers
afidie no so engine
bus
bɔs
camió
lɔre
motor
maa a moto bɔ ho
bicicleta
sakre
automòbil
kaa

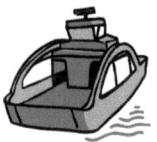

transbordador

hyɛma

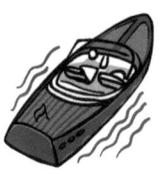

barca

suhyɛn kumaa

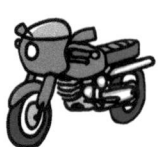

moto

motosakre

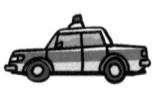

automòbil de policia

polisifoɔ kaa

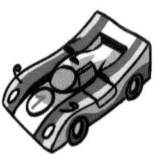

automòbil de curses

kaa a ɛkɔ mirika akansie

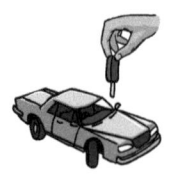

automòbil de lloguer

kaa a yɛde ma ahan

vehicle compartit

wɔre kyɛ kaa

grua

lɔre a asɛeɛ

camió de les escombraries

bɔɔla kaa

motor

moto

benzina

pɛtro

benzineria

baabi a yɛbu pɛtro

senyal de trànsit

trafik ahyɛnsodeɛ

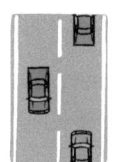

trànsit

trafik

embús

trafik akye

aparcament

baabi a yɛde kaa esi

estació de trens

keteke gyinabea

vies

keteke kwan

tren

keteke

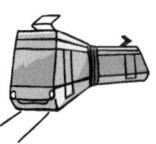

tramvia

tram

vagó

ponkɔ kaa

helicòpter

helikopta

aeroport

ewiemhyɛnbea

torre

abansoro

passatger

apasingyani

contenidor

tontowa

capsa de cartó

adaka

carretó

kaate

cistella

kɛntɛn

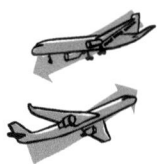

enlairar-se / aterrar

atu / asi fam

ciutat

kuro kɛseɛ

poble

akurase

centre de la ciutat

kuro dwaberɛ mu

casa

efie

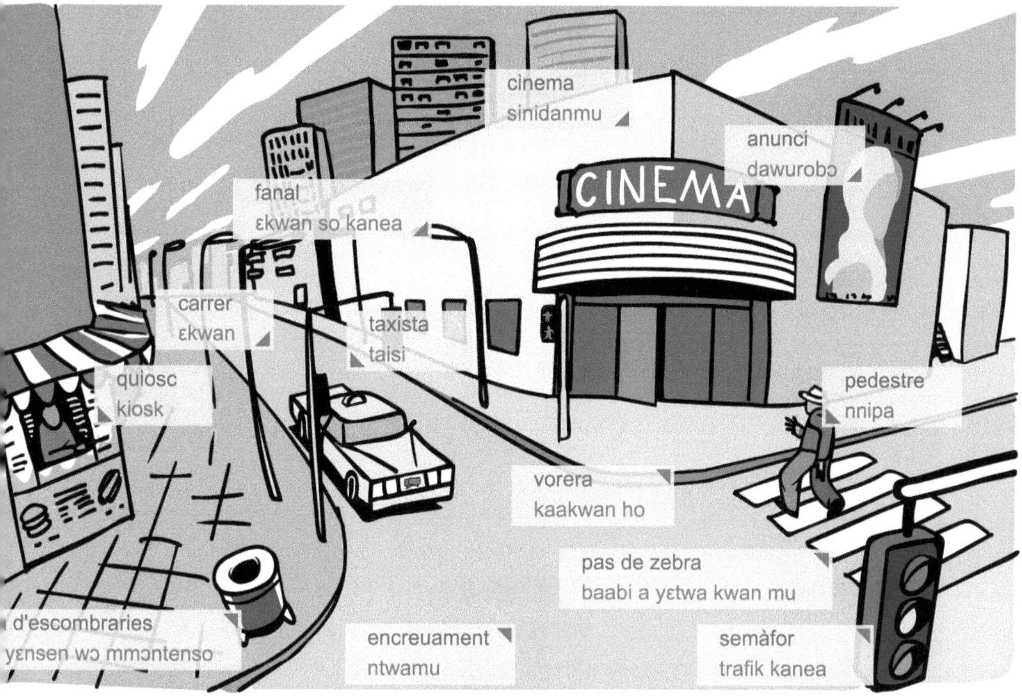

cinema
sinidanmu

anunci
dawurobɔ

fanal
ɛkwan so kanea

carrer
ɛkwan

taxista
taisi

quiosc
kiosk

pedestre
nnipa

vorera
kaakwan ho

pas de zebra
baabi a yɛtwa kwan mu

d'escombraries
yɛnsen wɔ mmɔntenso

encreuament
ntwamu

semàfor
trafik kanea

cabana
apata

apartament
efie

estació de trens
keteke gyinabea

casa de la vila-ciutat
adwaberɛm

museu
bea a yɛ kora tete nneɛma

escola
sukuu

universitat	banca	hospital
suapɔn	sikakrobea	ayaresabea

hotel	farmàcia	oficina
ahɔhogyebea	famasi	asoeɛ

llibreria	botiga	floristeria
sotɔɔ a wɔtɔn nwoma	sotɔɔ	baabi yɛtɔn nhwiren

supermercat	mercat	gran magatzem
sotɔɔpɔn	edwam	sotɔɔ kɛseɛ

peixateria	centre comercial	port
baabi a yɛtɔn mpataa	dwadibea kɛseɛ	suhyɛn gyinabea

parc

baabi kaa gyina

banc

bɛnkye

pont

ɛtwene

escala

atwedeɛ

metro

asaase ase

túnel

ɛbɔn

parada d'autobús

baabi a bɔs gyina

bar

nsanombea

restaurant

adidibea

bústia de correu

lɛta adaka

senyal indicador

ɛkwan so akwankyerɛ

parquímetre

baabi kaa gyina ho mita

zoo

zoo

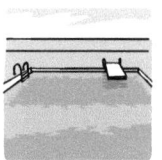

piscina

nsuo a yɛ dware mu

mesquita

nkramodan

granja

afuo

pol·lució

deɛ egu mmɔnten so fi

cementiri

asieɛ

església

asɔre

parc infantil

agodibea

temple

asɔre dan

paisatge

mmɔnten so asiesie

fulla
ahaban

cartell indicador
sanbɔd

camí
kwan

prat
asaase a ɛsere wɔ so

pedra
boba

arbre
dua

excursionista
ɔnantefoɔ

riu
asubɔnten

gespa
ɛserɛ

flor
nhwiren

vall

amenamu

muntanya

bepɔ

llac

tadeɛ

bosc

kwaeɛ

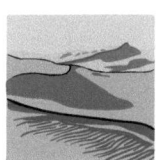

desert

ɛserɛ so

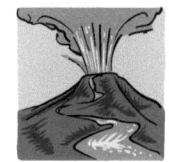

volcà

egya a efri botan mu

castell

abankɛseɛ

arc de Sant Martí

nyankontɔn

bolet

emere

palmera

abɛtene

moscard

ntomntom

mosca

tu

formiga

ntɛtea

abella

wowa

aranya

ananse

escarabat

amankuo

granota

aponkyerɛni

esquirol

opuro

eriçó

apɛsɛ

llebre

adanko

òliba

patuo

ocell

anomaa

cigne

nsuo mu dabodabo

senglar

kɔkɔte

cervo

adoa

ant

ɔtweenini

presa

dam

turbina

wind turbine afidie

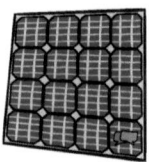

panell solar

afidie a ɛkye awia

clima

wiem nsakraeɛ

restaurant
adidibea

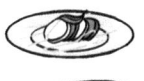

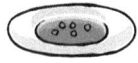

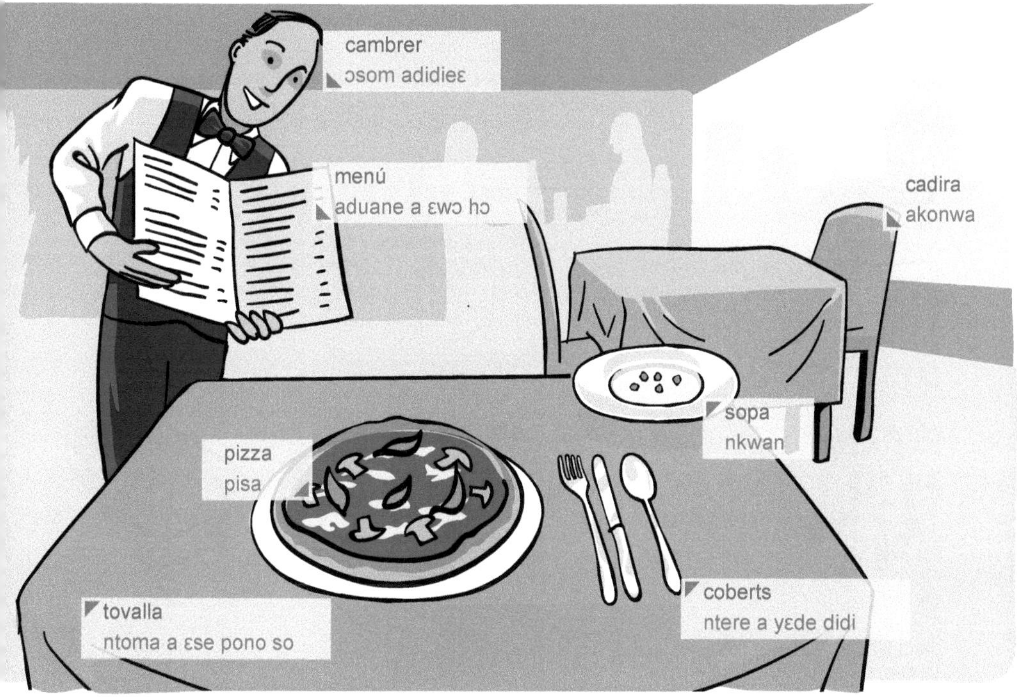
cambrer
ɔsom adidieɛ
menú
aduane a ɛwɔ hɔ
cadira
akonwa
sopa
nkwan
pizza
pisa
coberts
ntere a yɛde didi
tovalla
ntoma a ɛse pono so

primer plat
mprampra anom

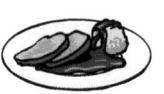

plat principal
aduane no ankasa

darreries
mpa anom

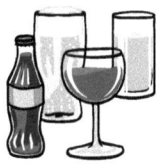

begudes
nsa

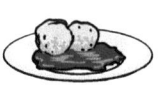

menjar
aduane

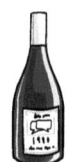

ampolla
toa

menjar ràpid

aduane hyewhyew

menjar de carrer

abɔnten so aduane

tetera

tii kukuo

sucrer

asikyire konko

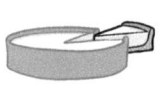

porció

wo kyɛfa

màquina d'espresso

espresso afidie

trona

akonwa tenten

factura

wo ka

plata

apanpan

ganivet

sekan

forqueta

adinam

cullera

atere

cullereta

atere ketewa

tovalló

napkin a yɛde pepa ano

got

glase

restaurant - adidibea

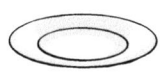

plat
....
prɛte

plat de sopa
....
kwan kyɛnsee

plateret
....
prɛte ketewa

salsa
....
abomu

saler
....
nkyene kukuo

molinet de pebre
....
yɛde yam mako

vinagre
....
fenega

oli
....
anwa

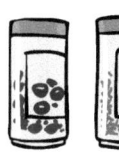

espècies
....
aduhwam

quètxup
....
kɛkyɔp

mostassa
....
mustad

maionesa
....
mayones

supermercat

sotɔɔpɔn

oferta especial
ntesoɔ soronko
FOR
client
adetɔfoɔ
productes lactis
nanatwie nufusuo
fruites
aduaba
carret de la compra
hwiili

BUTCHERS

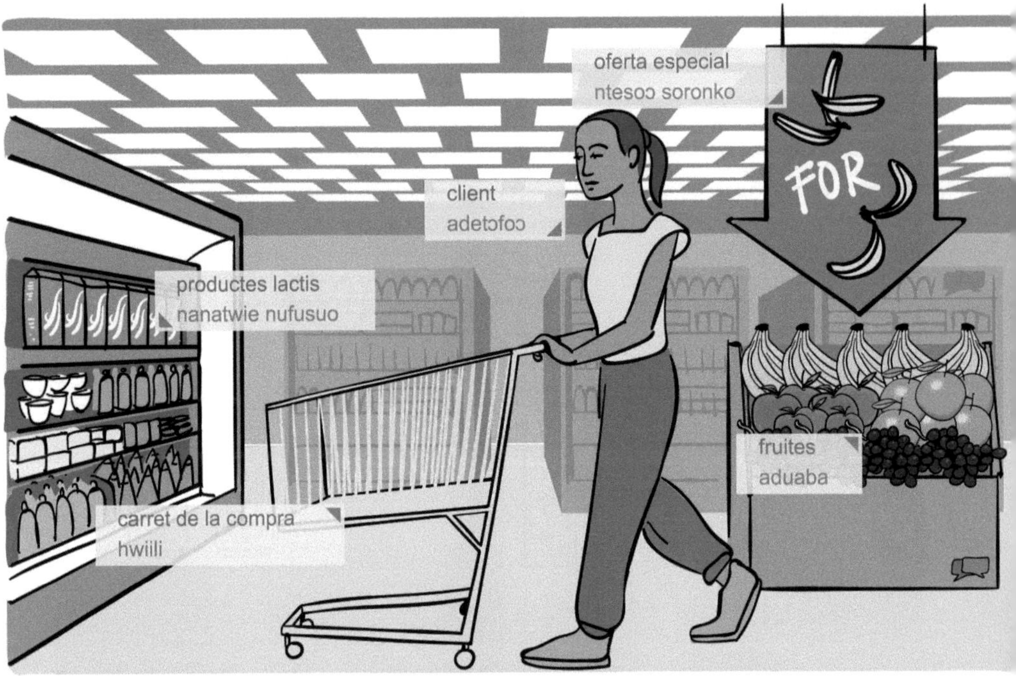

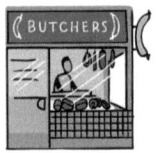

carnisseria

baabi a yɛtɔn nam

BAKERY

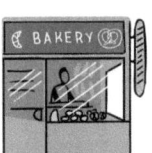

forn de pa

baabi a yɛtɔn paano

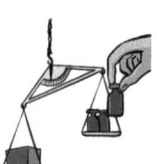

pesar

susu

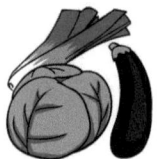

verdures

atosodeɛ

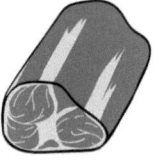

carn

nam

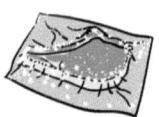

menjar congelat

frigyemu aduane

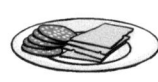

carn freda

nam a adwɔɔ

conserves

kyɛnsee mu aduane

detergent en pols

paoda samena

dolços

adedɔkɔdɔkɔ

articles domèstics

efie nneɛma

productes de neteja

adetɔneɛ a yɛde pepa fin

venedora

nnipa a ɔtɔn adeɛ

caixa registradora

afidie a egye sika

caixera

ɔgyegye sika

llista de la compra

krataa a wodi rekɔ di dwa

horari d'obertura

berɛ a wɔde bua

portamonedes

sikabotɔ

carta de crèdit

kaade a yɛde yi sika

bossa

baage

bossa de plàstic

rɔba baage

aigua

nsuo

suc

aduaba mu nsuo

llet

nufusuo

coca-cola

kok

vi

wain nsa

cervesa

biya

alcohol

mmorosa

cacau

kokoo

te

tii

cafè

kofe

espresso

espresso

cappuccino

kapukyino

banana
kwadu

poma
apol

taronja
ankaa

síndria
melon

llimona
akutɔ

pastanaga
karɔt

all
garlik

bambú
pampro

ceba
gyeene

bolet
mmere

avellanes
nkateɛ

fideus
talia

espaguetis

spageti

arròs

ɛmo

amanida

salad

patates fregides

kyipis

patates fregides

abrɔdwomaa a y'akye

pizza

pisa

hamburguesa

hambɔga

entrepà

sanwekye

escalopa

nam a dompe nnim

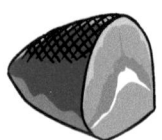

cuixot

preko nam

salami

nam a y'ahata

salsitxa

sɔsege

pollastre

akokɔ

rostit

toto

peix

apataa

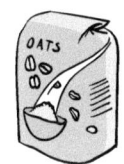

flocs de civada
oosu koko

musli
muesli

cereals
konflese

farina
esam

croissant
krossant

panet
paano a y'abobɔ

pa
paano

torrada
paano a y'atoto

bescuits
biskete

mantega
bɔta

mató
nufusuo a ada

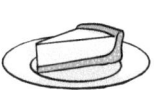

pastís
keeke

ou
kosua

ou fregit
kosua a y'akyeɛ

formatge
kyiis

gelat

asskrim

sucre

asikyire

mel

ɛwoɔ

melmelada

gyaam

crema de xocolata

kyokolete

curri

kɔri

granja
afuo

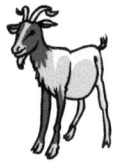

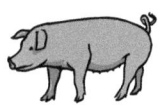

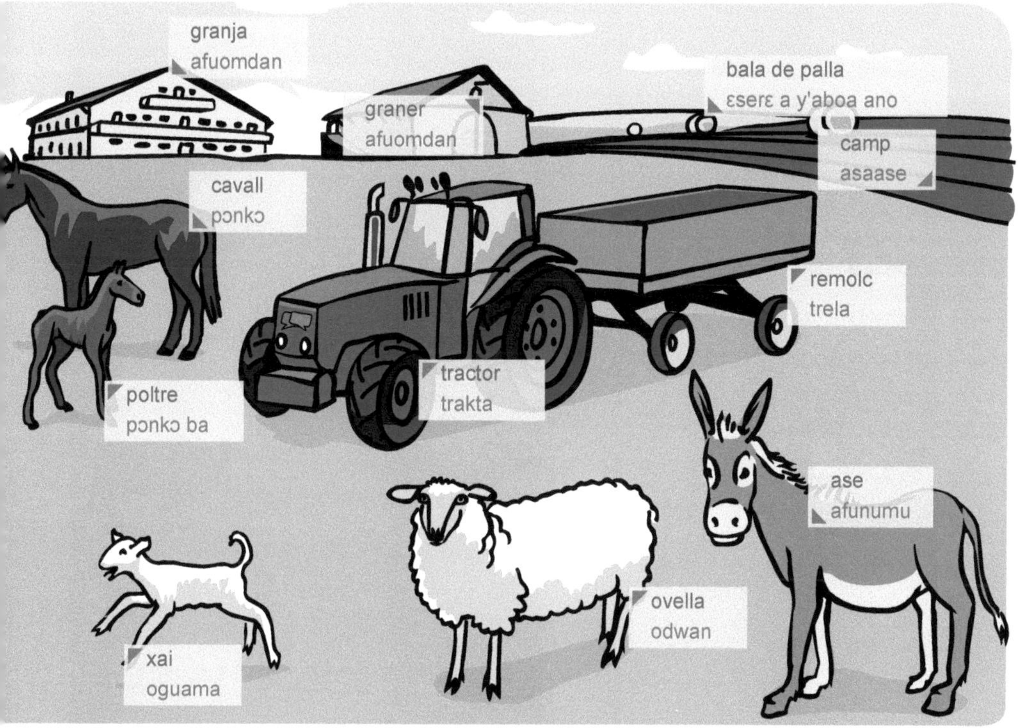
granja
afuomdan
bala de palla
ɛserɛ a y'aboa ano
graner
afuomdan
camp
asaase
cavall
pɔnkɔ
remolc
trela
tractor
trakta
poltre
pɔnkɔ ba
ase
afunumu
ovella
odwan
xai
oguama

cabra

apɔnkye

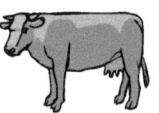

vaca

nantwie

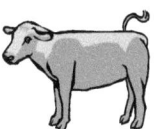

vedella

nantwie ba

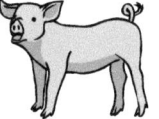

porc

prɛko

garrí

prɛko ba

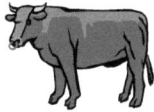

bou

nantwinini

oca

dabodabo nua

ànec

dabodabo

poll

akokɔba

gall

akokɔbedeɛ

gallina

akokɔnini

rata

kusie

gat

ɔkra

ratolí

akura

bou

nantwinini

gos

kraman

gossera

kraman buo

mànega de regar

afuom drobɛn

regadora

tontora a yɛde gu nsuo

dalla

sekan a yɛde twa aburo

arada

funtum dadeɛ

falç

kɔntɔnkrɔ

aixada

asɔ

forca

afuom adinam

destral

akuma

carretó

hweebaro

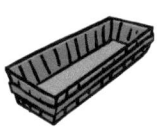

abeurador

adidika

lletera

nufusuo konko

sac

bɔtɔ

tanca

ɛban

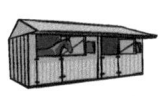

establa

pɔnkɔ dan

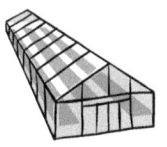

hivernacle

ntomadan a yɛyɛ mu afuo

sòl

anwea

llavor

aba

adob

ɔyɛ asaaseyie

collidora

otwaberɛ trakta

collir

twa

collita

otwaberε

nyam

bayerε

blat

ayuo

soja

soya

patata

abrɔdwomaa

blat de moro o d'indi

aburo

colza

repu aba

arbre fruiter

dua a εso aba

mandioca

bankye

cereals

aburo asefoɔ

casa
efie

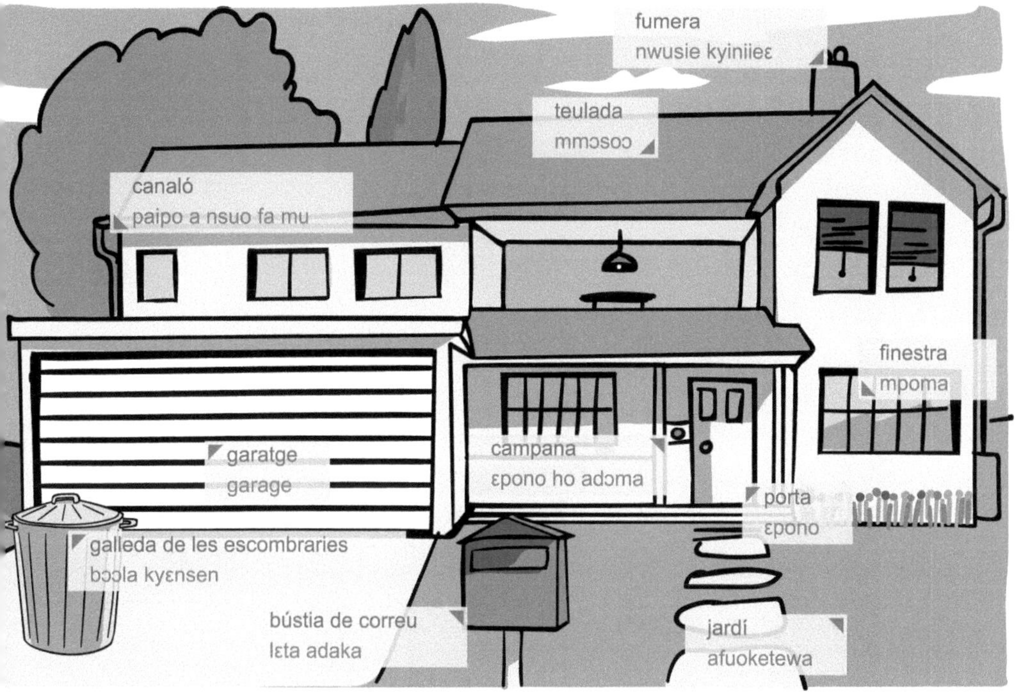
fumera
nwusie kyiniieɛ
teulada
mmɔsoɔ
canaló
paipo a nsuo fa mu
finestra
mpoma
garatge
garage
campana
ɛpono ho adɔma
porta
ɛpono
galleda de les escombraries
bɔɔla kyɛnsen
bústia de correu
lɛta adaka
jardí
afuoketewa

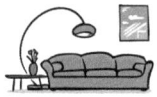

sala d'estar

asaso

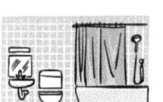

bany

adwareɛ

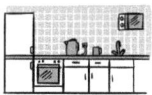

cuina

mukaase

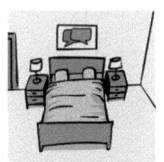

cambra de dormir

pie mu

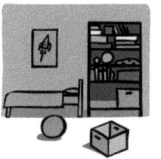

cambra de nen

nkwadaa dan mu

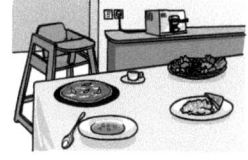

menjador

dan a yɛdidi mu

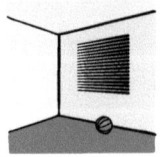

sòl

εfam

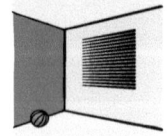

paret

εban

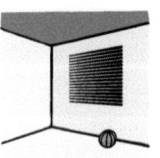

sostre

abruuso

soterrani

danbloo

sauna

adwereε a εbɔ ɔhyew

balcó

abranaa

terrassa

abranaaso

piscina

nsuo a yεdware mu

tallagespa

afidie a yεde dɔ

vànova

nsεfam

cobrellit

ntoma a εse kεtε so

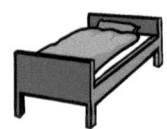

llit

mpa

escombra

prayε

galleda

bokiti

interruptor

dane

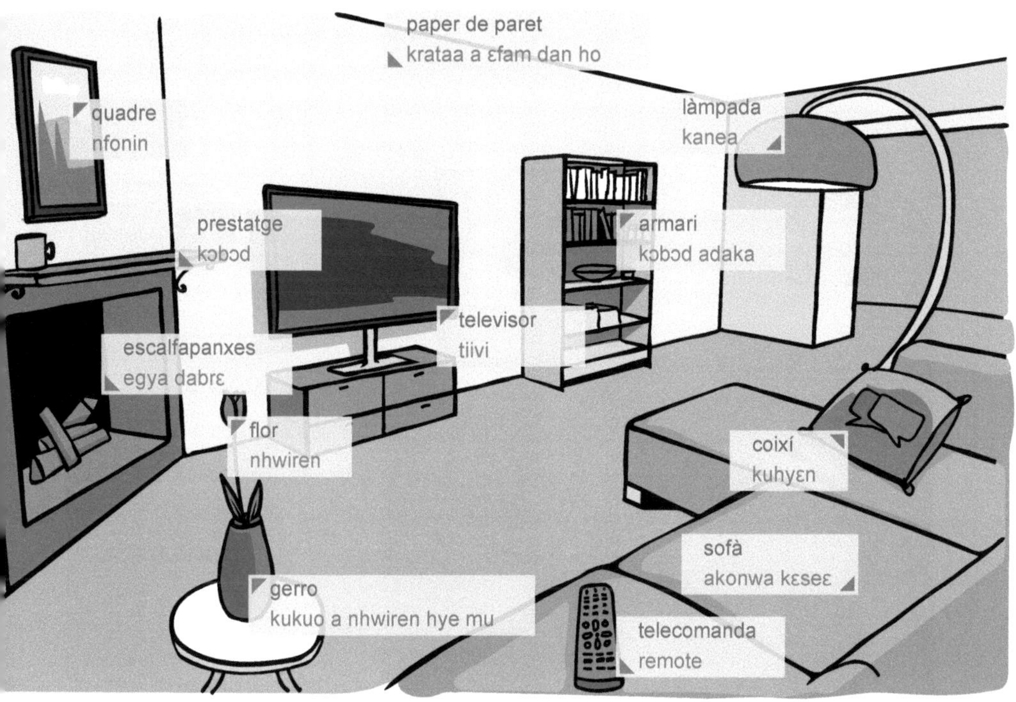

paper de paret
krataa a ɛfam dan ho

quadre
nfonin

làmpada
kanea

prestatge
kɔbɔd

armari
kɔbɔd adaka

televisor
tiivi

escalfapanxes
egya dabrɛ

flor
nhwiren

coixí
kuhyɛn

sofà
akonwa kɛseɛ

gerro
kukuo a nhwiren hye mu

telecomanda
remote

catifa
kapɛte

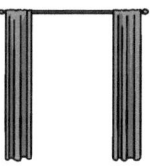

cortina
ntwaa dan mu

taula
ɛpono

cadira
akonwa

cadira gronxadora
akonwa a ehinhim

cadiral
akonwa a yɛgyegye dan

llibre

nwoma

llençol

kuntu

decoració

dan mu nsiesie

llenya

egya

film

sini

cadena de música

wailɛs

clau

safoa

diari

koowaa krataa

pintura

nfonin a y'adwi

cartell

nfam danho

ràdio

radio

bloc de notes

krataa a yɛ twere mu

aspiradora

afidie a ɛprapra

cactus

kaktus

candela

kyɛnere

cuina
mukaase

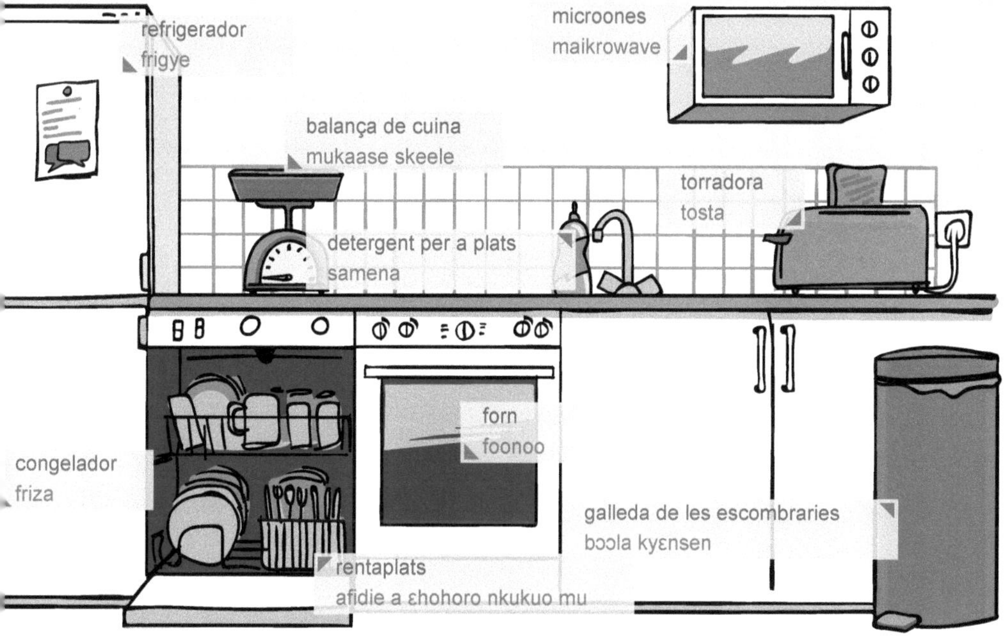

refrigerador
frigye
microones
maikrowave
balança de cuina
mukaase skeele
torradora
tosta
detergent per a plats
samena
forn
foonoo
congelador
friza
galleda de les escombraries
bɔɔla kyɛnsen
rentaplats
afidie a ɛhohoro nkukuo mu

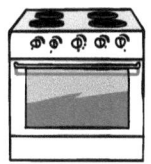

cuina de fogons

abɛɛfo bukyea

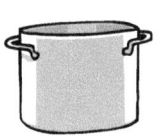

olla

kokuo

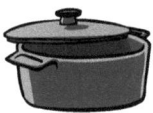

olla de ferro colat

dadesɛn

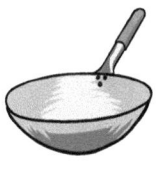

wok / karahi

wok / kadai

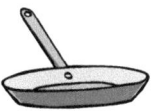

paella

kyɛnsee

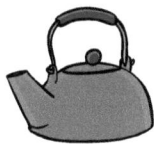

bullidor

nsuo hyeɛ afidie

olla de vapor

stiima

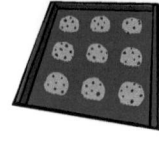

plata de forn

apa a yɛ to so adeɛ

vaixella

prɛte, kuruwa, ntere ne nea ɛkeka ho

tassa grossa

kuruwa a etumi bɔ

bol

kyɛnsee

bastonets xinesos

nnua a yɛde didi

culler

kwantre

espàtula

dua atere

batedor

yɛde nu adeɛ mu

colador

sɔneɛ

sedàs

fefe

ratllador

greta

morter

waduro

barbacoa

kyinkyinga

foc a terra

bukyea

taula de tallar

pono a yɛ twitwaso adeɛ

corró

ɛta

llevataps

deɛ yɛtu nsa so

pot de conserva

konko

obridor

deɛ yɛde bue konko so

agafador

yɛde sɔ kukuo mu

aigüera

sink

raspall

brɔhye

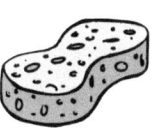

esponja

sapɔ

batedora

aduane yam fidie

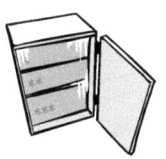

congelador

friza nini

biberó

toa a abɔdoma nom ano

aixeta

paipo

bany

adwareɛ

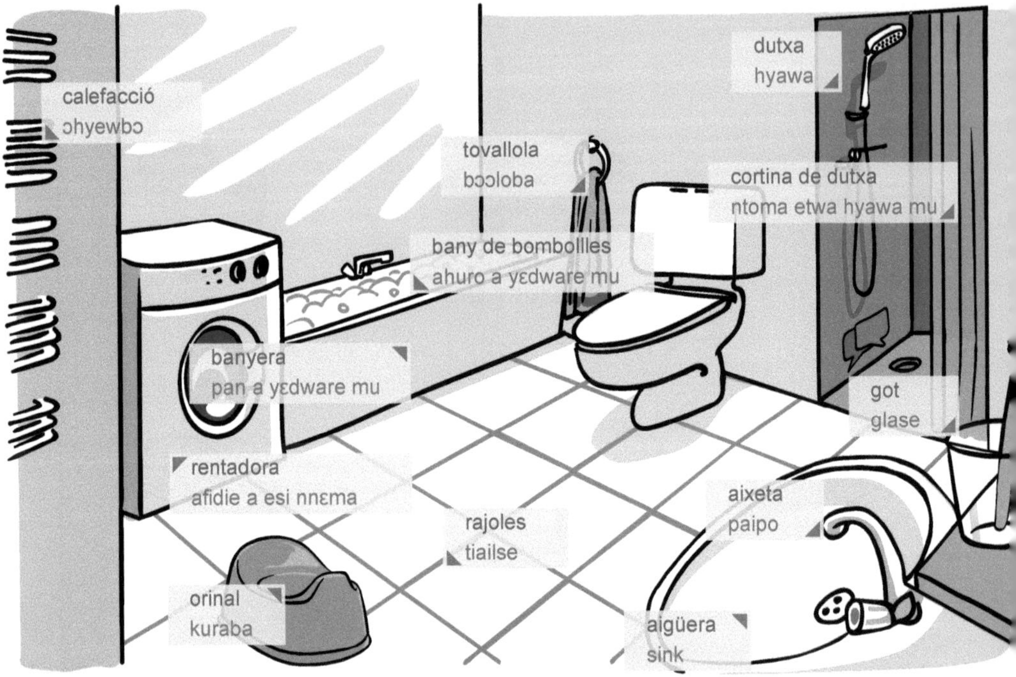
dutxa
hyawa
calefacció
ɔhyewbɔ
tovallola
bɔɔloba
cortina de dutxa
ntoma etwa hyawa mu
bany de bombollles
ahuro a yɛdware mu
banyera
pan a yɛdware mu
got
glase
rentadora
afidie a esi nnɛma
aixeta
paipo
rajoles
tiailse
orinal
kuraba
aigüera
sink

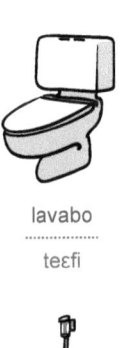

lavabo

teɛfi

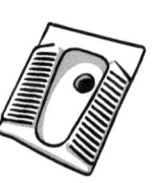

lavabo turc

teɛfi a yɛ koto so

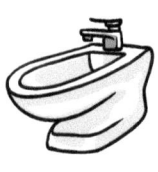

bidet

bidet teɛfi

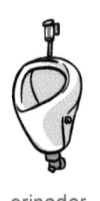

orinador

dwonsɔ dan

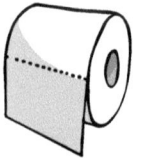

paper higiènic

teɛfi so krataa

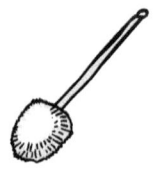

escombreta de sanitari

teɛfi so brɔhye

raspall de dents

rohye a yɛde twitwiri see

pasta de dents

aduro a yɛde twitwiri see

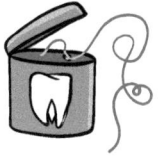

fil dental

yɛde yiyi ɛsee mu

rentar

si

pom de dutxa

hyawa a yɛsɔ mu

dutxa íntima

paipo a yɛde hohoro ananmu

rentamans

bokiti

raspall per a l'esquena

brɔhye a wode dware w'akyi

sabó

samena

gel de dutxa

hyawa samena

xampú

nsuo samena

manyopla de bany

flanɛl ntoma

bonera

baabi a nsu fa pue

crema

nku

desodorant

yɛde fefa amotoamu

mirall

ahwehwɛ

mirall-espill de mà

ahwehwɛ a yɛsɔ mu

maquineta de rasar

bled

espuma de barbejar

ahuro a yɛde yi nwi

loció post-rasada

aduro a yɛde fefa baabi a
wo ayi nwi

pinta

afen

raspall

brɔhye

eixugador

afidie a ɛwo nwi

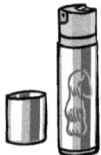

laca

enwi sopre

maquillatge

pɔns

pintallavis

lipstike

esmalt d'ungles

penti a yɛde mɔreɛ so

cotó

asaawa

tallaungles

apasɔɔ a etwa mmɔreɛ

perfum

aduhwam

estoig de bellesa

adwareɛ baage

tamboret

edwa

bàscula

skele

barnús

adwereɛ ataadeɛ

guants de goma

rɔba a yɛde hyɛ nsa ho

compresa higiènica

tampon

compresa

abɛɛfo amonsen

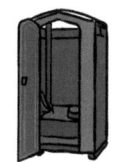

sanitari químic

teɛfi a aduro gum

cambra de nen

nkwadaa dan mu

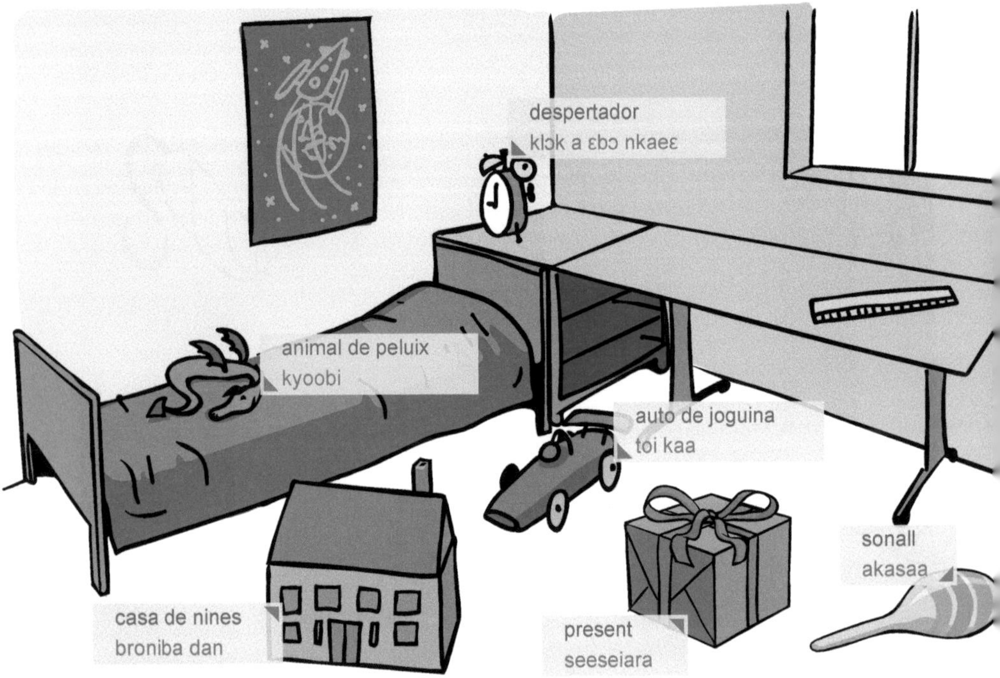
despertador
klɔk a ɛbɔ nkaeɛ
animal de peluix
kyoobi
auto de joguina
toi kaa
sonall
akasaa
casa de nines
broniba dan
present
seeseiara

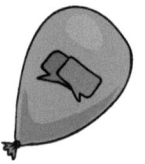

baló

baaluu

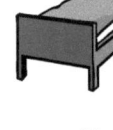

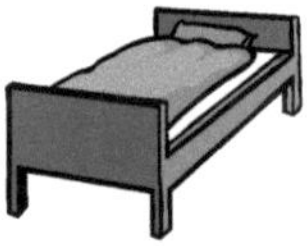

llit

mpa

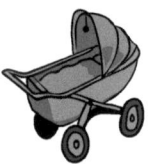

cotxet per a nens

nkwadaa kaa

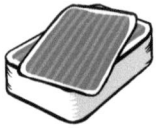

joc de cartes

sopaa

trencaclosca

gyiksɔɔ

SUPER MEGA

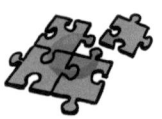

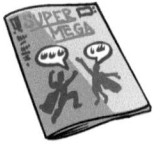

historieta

nsɛnkwa

peces de lego

lego blɔg

peces de construcció

blɔg a yɛde si dan

ninot d'acció

nnipa ɔbɔhye

granota

abɔdoma ataadeɛ

frisbee

frisbee

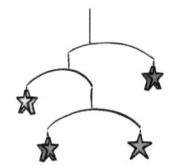

mòbil per a bressol

mobail

joc de taula

ponoso agodie

daus

daahye

tren elèctric

nkwadaa keteke

xumet

koliko

festa

apontoɔ

llibre de dibuixos

nfonin nwoma

pilota

bɔɔlo

nina

broniba

jugar

di agorɔ

sorrera

anwea adaka

gronxador

adonko

joguines

tois

consola de jocs de vídeo

video agodie apaawa

tricicle

sakre a ne nan mɛɛnsa

osset de peluix

kyoobi

armari

wɔdropo

roba

ntaadeɛ

mitjons

sɔks

mitges

stokens

mitja pantaló

sekentait

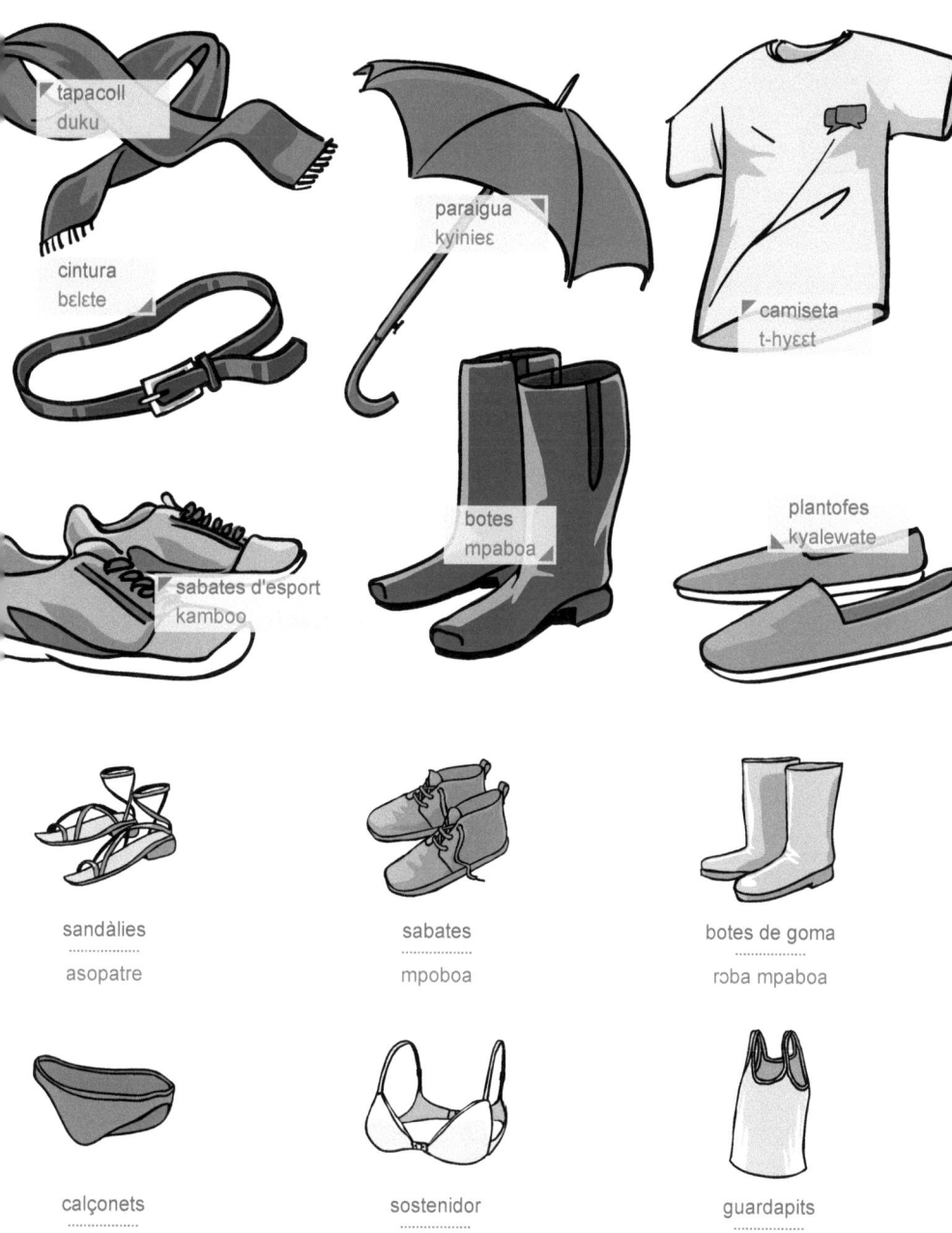

tapacoll
duku

paraigua
kyiniɛ

camiseta
t-hyɛɛt

cintura
bɛlɛte

botes
mpaboa

plantofes
kyalewate

sabates d'esport
kamboo

sandàlies
asopatre

sabates
mpoboa

botes de goma
rɔba mpaboa

calçonets
ɛtam

sostenidor
bra

guardapits
singlɛte

roba - ntaadeɛ

jjustacòs

nipadua

pantalons

trɔsa

jeans

gyins

faldeta

sekɛɛt

brusa

ɛsoro ataadeɛ

camisa

hyɛɛte

jersei

nkatoho a ɛko awɔ

dessuadora

hoodie

blazer

koot

jaqueta

nkatasɔɔ

mantell

nkatasɔɔ

impermeable

nsutɔ mu nkataho

vestit de dona

dwumadie bi ho ataadeɛ

vestit de dona

mmaa atadeɛ

vestit de núvia

ayefrɔ ataadeɛ

vestit d'home

kootu

camisa de dormir

mmaa ataadeɛ a yɛde da

pijama

pigyamas ataadeɛ

sari

sari

mocador de cap

duku

turbant

abotire

burca

burka

caftan

kaftan

abaia

nkramofoɔ mmaa atadeɛ

vestit de bany

adeɛ a yɛde dware nsuo

calçon(et)s de bany

asenemu ataadeɛ

pantalons curts

nika

xandall

agokansie ntaadeɛ

davantal

akatasoɔ

guants

nsa nkataho

botó

bɔtom

ulleres

sopɛɛse

braçalet

ahwneɛ

collaret

komadeɛ

anell

kawa

orellera

asomadeɛ

casquet

ɛkyɛ

penjador

yɛde koot sɛn so

capell

ɛkyɛ

corbata

abɔmene mu

cremallera

zip

casc

ɛkyɛ denden

elàstics

bɔresis

uniforme escolar

sukuu ataadeɛ

uniforme

adwuma ataadeɛ

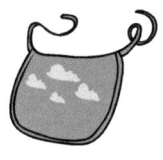

pitet

mmɔfra bib

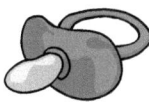

xumet

koliko

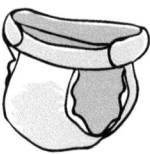

bolquer

nkwadaa napken

oficina

asoeɛ

servidor
sɛɛva
armari arxivador
kabenɛt
paper
krataa
impressora
printa
monitor
monita
escriptori
ɛpono a yɛyɛ so adwuma
ratolí
Maws
arxivador
nhyemu
teclat
ntwerɛeɛ pono
ra
a yɛde krataa nwura gu mu
cadira
akonwa
ordinador
komputa

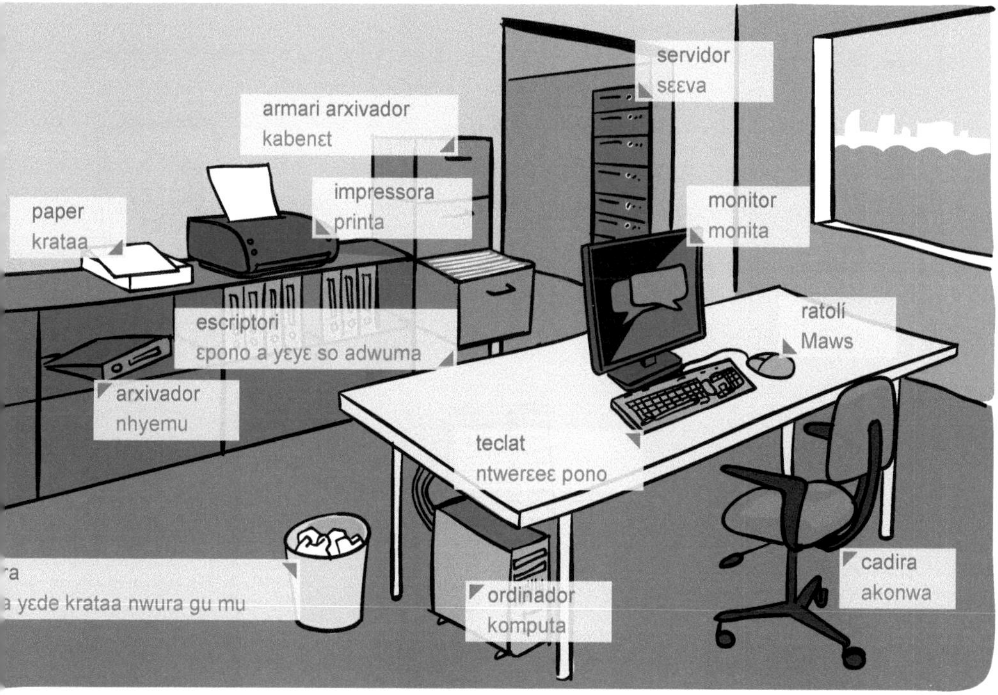

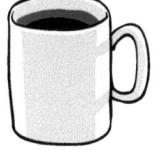

tassa de cafè

kɔfe kuruwa

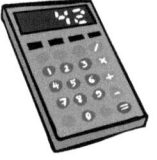

calculadora

akontabuo fidie

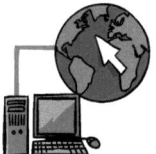

Internet

intanɛt

ordinador portàtil

laptop

lletra

lɛta

missatge

nkratɔɔ

mòbil

mobail kasafidie

xarxa

nɛtwɛke

fotocopiadora

fotokɔpi

programari

softwɛɛ

telèfon

tetefon

presa de corrent

sɔkɛt

fax

faks afidie

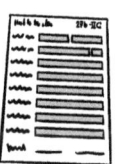

formulari

katraa

document

nkrataa

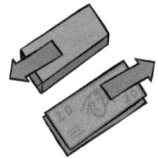

comprar
....
tɔ

pagar
....
tua

comerciar
....
di dwa

diners
....
sika

dòlar
....
dollar

euro
....
euro

ien
....
yen

ruble
....
rubel

franc suís
....
Swiss franks

renminbi
....
renminbi yuan

rupia
....
rupii

caixa automàtica
....
baabi yɛtua sika

oficina de canvi

baabi a yɛ sesa sika

or

sika kɔkɔɔ

argent

dwetɛ

petroli

now

energia

ahoɔden

preu

ne boɔ

contracte

kontragye

impost

ɛtoɔ

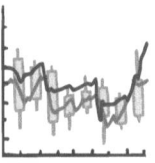

acció

stɔk

treballar

adwuma

treballador

adwumayɛni

empresari

adwumawura

fàbrica

mfididwuma mu

botiga

sotɔɔ

oficial de policia
polisini

bomber
odumgya adwumayɛni

cuiner
kuku

doctora
dɔkota

pilot
obi a otwi wiemhyɛn

jardiner

ɔyɛ afuo

fuster

dua dwomfoɔ

costurera

adepani baa

jutge

atɛnmuafoɔ

química

ɔtɔn nnuro

actor

sini yɛfoɔ

conductor d'autobús

bɔs drɔba

taxista

taisi drɔba

pescador

ɔpofoɔ

dona de la neteja

ɔbaa a osiesie fie

ensostrador

ɔbɔdanso

cambrer

ɔsom adidieɛ

caçador

bɔmɔfoɔ

pintor

penta

forner

ɔto paano

electricista

ɔyɛ nkaneɛ ho adwuma

obrer de la construcció

ɔdansifoɔ

enginyer

inginia

carnisser

ɔdwa nam

llanterner

plɔmba

correu

krataa manefoɔ

54

oficis - nwuma ahodoɔ

soldat
sogyani

arquitecte
ɔdwi adan

caixera
ɔgyegye sika

florista
otɔn nhwiren

perruquer
ɔyɛ tire

revisor
meeti

mecànic
fitani

capità
nnipa a otwi suhyɛn

dentista
ɛsee dɔkota

científic
abɔdeɛ mu nimdefoɔ

rabí
rabi

imam
kramo panin

monjo
ɔsɔfo

capellà
osɔfo

eines
anwenade

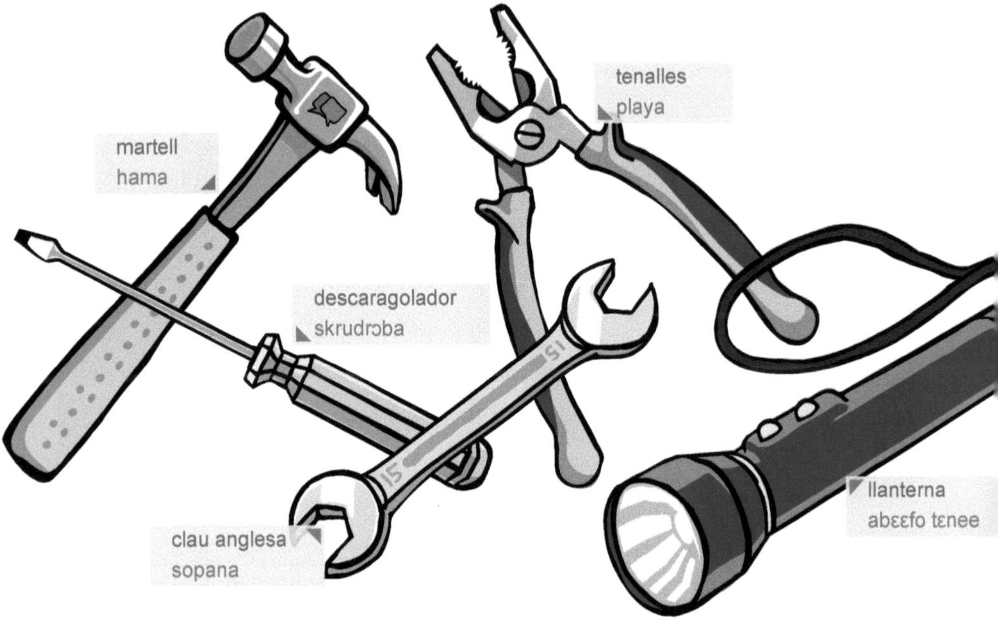

martell
hama
tenalles
playa
descaragolador
skrudrɔba
clau anglesa
sopana
llanterna
abɛɛfo tɛnee

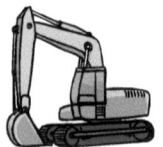

excavadora

otu amena

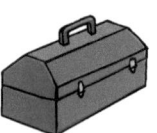

caixa d'eines

anwenade adaka

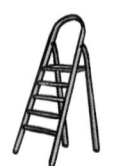

escala

atwedeɛ

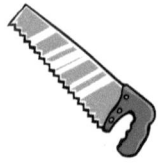

serra

asradaa

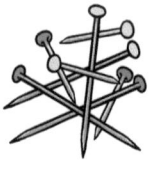

claus

nnadewa

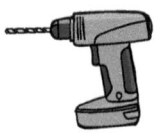

trepant

afidie a yɛde bɔne tokro

reparar
siesie

pala
sofi

Maleït siga!
Ebei!

pala
asanwura

pot de pintura
penti kukuo

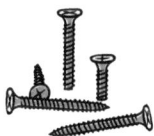

caragols
skruu

instrument de música
nnɛɛma a yɛde bɔ nwom

bateria
nneama a yɛde bɔ ntwene

altaveu
msopika a anoyɛden

guitarra
dwitae

contrabaix
bass dwitae kɛseɛ

trompeta
abɛn

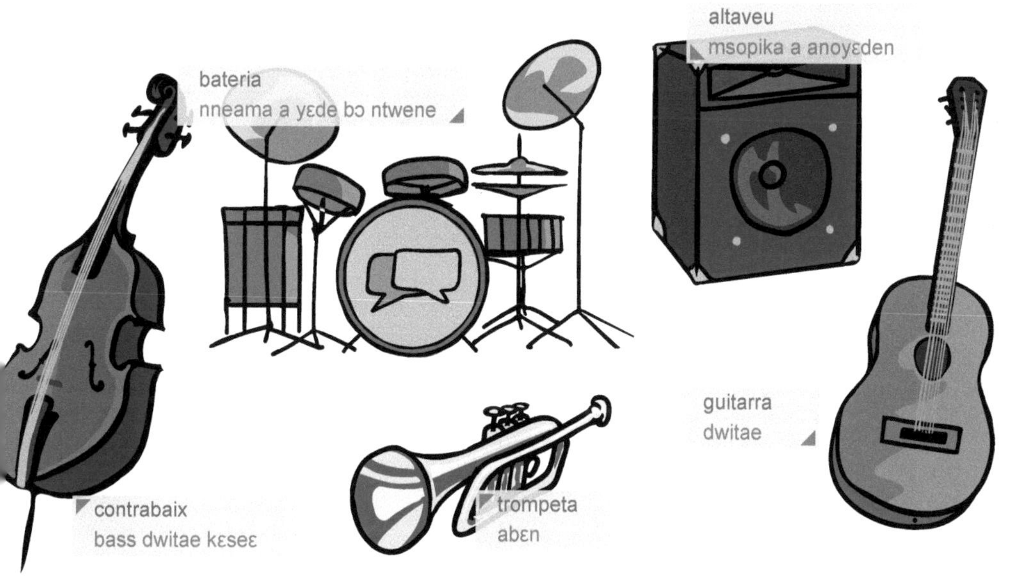

piano

sankuo

violí

ahoma sankuo

baix

bass dwitae

timbal

atumpan

tambor

ntwene

teclat

ntwerɛeɛ apa

saxofon

saksofon

flauta

atentenbɛn

micròfon

maikrofon

entrada
ɛpono ano

tigre
sɛbɔ

gàbia
mmoa dan

zebra
zebra

aliment per a animals
mmoa aduane

ós panda
panda

animals

mmoa

elefant

ɔsono

cangurú

kangaru

rinoceront

raino

goril·la

akatea

ós

sisire

camell

afunupɔnkɔ

estruç

sohori

lleó

gyata

simi

adwee

flamenc

flamingo

papagai

ako

ós polar

awɔ mu sisire

pingüí

penguin

ca mari

oboodede

paó

akɔkonini abankwa

serp

wɔwɔ

cocodril

dɛnkyɛm

guardià del zoo

nnipa ɛhwɛ zoo so

foca

nsuo mu gyata

jaguar

sebɔ

poni

ponkɔ ba

lleopard

etwie

hipopòtam

susuono

girafa

kɔntenten

àliga

ɔkɔdeɛ

senglar

kɔkɔte

peix

apataa

tortuga

sudandan

morsa

walrus

guineu

sakraman

gasela

ɔtwee

futbol americà
Amerikafoɔ futbɔɔlo

ciclisme
skre twie

tenis
tennis

bàsquet
basketbɔɔlo

natació
nsuom adwareɛ

boxa
akutruku

hoquei sobre gel
asukɔkyea so hɔki

futbol americà	bàdminton	atletisme
futbɔl	badmintin	mirikatuo
handbol	esquí	polo
bɔɔlo a yɛde nsa bɔ	skii	polo

riure
sere

saltar
huri

abraçar
bam

anar
nante

cantar
to dwom

somiar
so daeɛ

pregar
bɔ mpaeɛ

fer un petó
fe ano

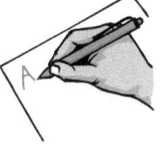

escriure

twerɛ

dibuixar

dwi

mostrar

kyerɛ

pitjar

pia

donar

ma

prendre

fa

tenir

nya

fer

yɛ

ésser

yɛ

estar dret

gyina

córrer

tu mirika

estirar

twe

llançar

to

caure

tɔ fam

jeure

da hɔ

esperar

twɛn

portar

soa

asseure's

tenase

vestir-se

hyɛ ataadeɛ

dormir

da

despertar-se

nyane

mirar

hwɛ

plorar

su

amoixar

san ho

pentinar

nunum

parlar

kasa

comprendre

te aseɛ

demanar

bisa

escoltar

tie

beure

nom

menjar

didi

endreçar

yɛ nsiesie

estimar

ɔdɔ

cuinar

noa

conduir

twi

volar

tu

navegar

fa nsuo so

calcular

sese

llegir

kenkan

aprendre

sua

treballar

adwuma

casar-se

ware

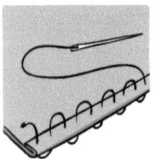

cosir

pam

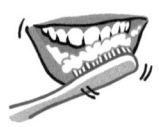

raspallar-se les dents

twitwiri wo se

matar

kum

fumar

nom gyɔt

enviar

mane

família
abusua

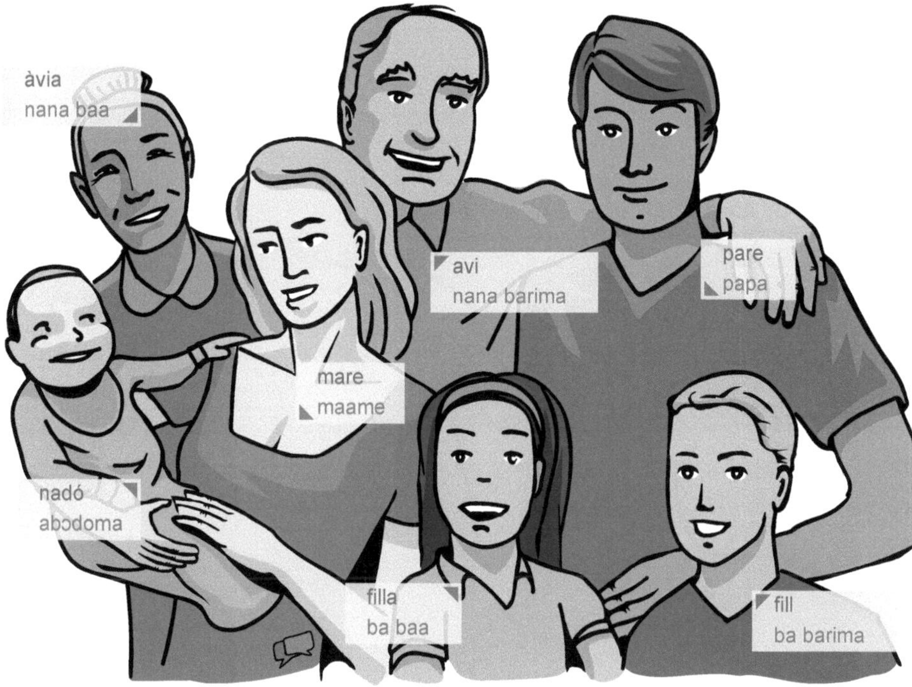
àvia
nana baa
avi
nana barima
pare
papa
mare
maame
nadó
abɔdoma
filla
ba baa
fill
ba barima

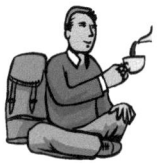

convidat

ɔhɔhoɔ

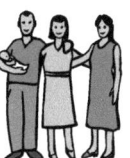

tia

sewaa

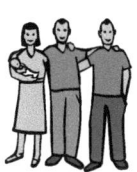

oncle

wɔfa

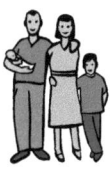

germà

nua barima

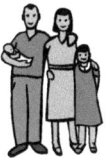

germana

nua baa

cos

nipadua

front
moma
ull
ani
espatlla
abɛtire
dit
nsatea
cara
anim
barbeta
apantan
mà
nsa
cama
ɛnan
pit
nufoɔ
braç
nsa

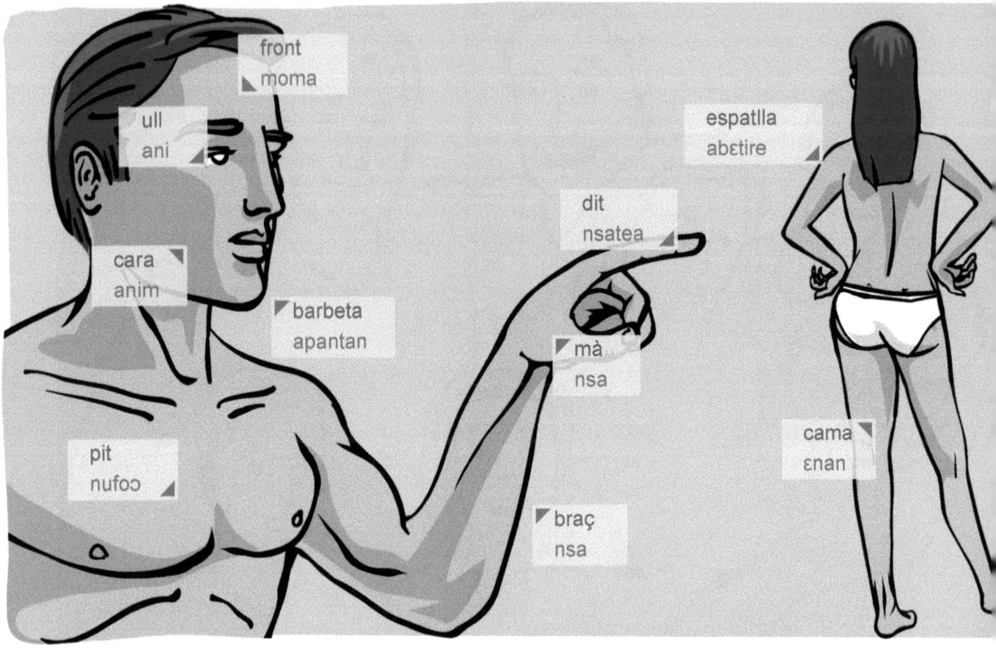

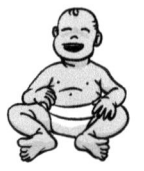

nadó

abɔdoma

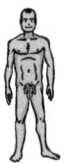

home

barima

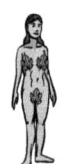

dona

ɔbaa

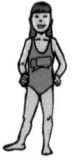

noia

abayewa

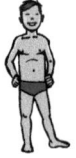

noi

abarimawa

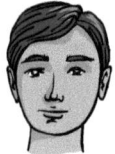

cap

etire

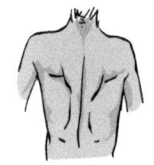

esquena

akyi

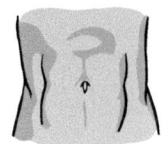

panxa

afro

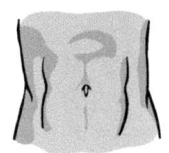

melic

fruma

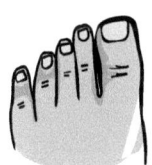

dit gros del peu

nansoa

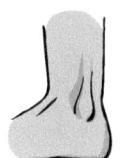

taló

nantini

os

dompe

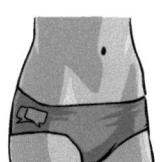

maluc

ataasɔ

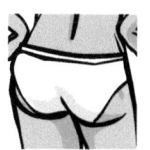

genoll

kotodwe

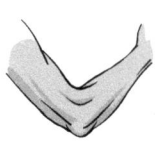

colze

abatwɛ

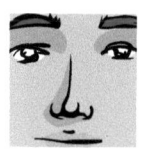

nas

ɛhwene

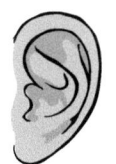

cul

ɛtoɔ

pell

wedeɛ

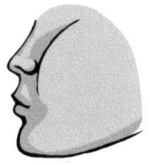

galta

afono

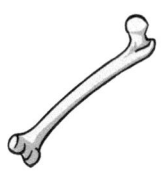

orella

aso

llavi

ano

boca

anom

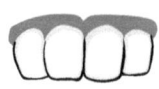

dent

ɛsee

llengua

tɛkyerɛma

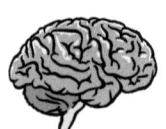

cervell

adwene

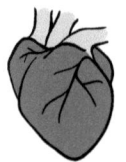

cor

akoma

múscul

ntini

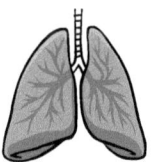

pulmó

aharawa

fetge

brɛboɔ

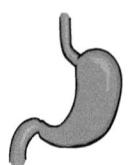

estómac

yafunu

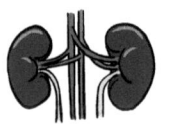

ronyó

asaa

relació sexual

nna

preservatiu

kɔndɔm

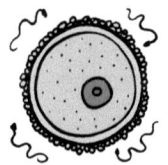

ovari

ɔbaa nkosua

semen

barima ho nsuo

prenyat

nyinsɛn

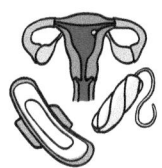

menstruació
....
nsabuo

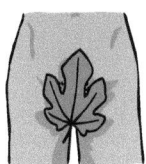

vagina
....
εtwε

penis
....
kɔteε

cella
....
anintɔn

cabells
....
enwin

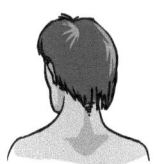

coll
....
εkɔn

hospital

ayaresabea

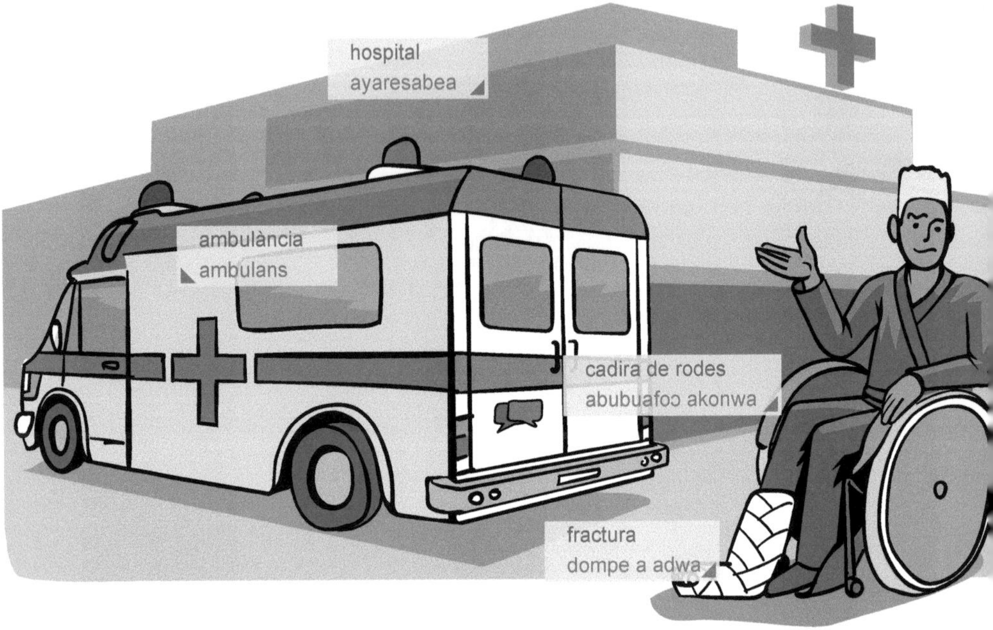

hospital
ayaresabea
ambulància
ambulans
cadira de rodes
abubuafoɔ akonwa
fractura
dompe a adwa

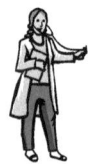

doctora

dɔkota

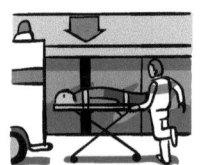

sala d'urgències

ɛdan a wɔde putupru nsɛm kɔmu

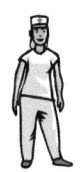

infermera

nɛɛse

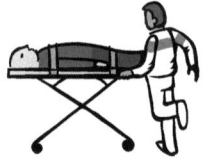

urgència

putupru

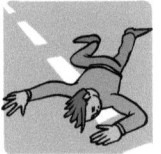

inconscient

wɔ atwa ahwe

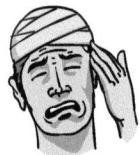

dolor

yea

ferida

epira

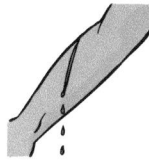

sagnament

mogyatuo

atac de cor

akoma yarenini

apoplexia

stroke yareɛ

al·lèrgia

allegyi

tos

ɛwa

febre

ahoɔhyeɛ

gripa

papu

diarrea

ayamtuo

mal de cap

tipaeɛ

càncer

kokoram

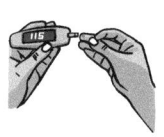

diabetis

asikyire yareɛ

cirurgià

dokota a ɛyɛ oprehyɛn

escalpel

skapɛl sekan

operació

aprehyɛn

tomografia computada (TC), TAC
....
CT

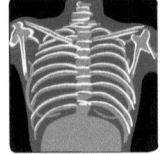

raigs x
....
x-ray

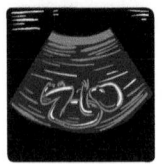

ultrasò
....
ultrasound

mascareta
....
nkatanim

malaltia
....
yareɛ

sala d'espera
....
ɛdan a wɔ twɛn mu

crossa
....
krɔhyes

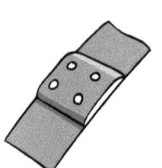

tireta
....
plasta

embenat
....
banege

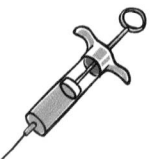

injecció
....
paneɛ

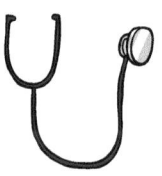

estetoscopi
....
Stetoskop

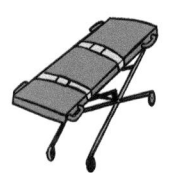

llitera
....
ahomankaa

termòmetre clínic
....
afidie a esusu ahoɔhyeɛ

pariment
....
awoɔ

sobrepès
....
kɛseɛ mmorosoɔ

aparell auditiu

afidie a ɛboa asɛmtie

desinfectant

aduro a ekum mmoawa

infecció

yareɛ a mmoawa deba

virus

vaarɔs

VIH / SIDA

HIV / AIDS

medicina

aduro

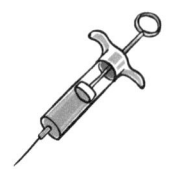

vaccí

aduro a esi yareɛ ano

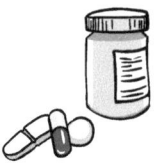

comprimits

aduro tablɛte

píl·lola

topaeɛ

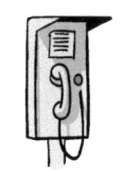

trucada d'urgència

ɔfrɛ wɔ putupru so

tensiòmetre

afidie a esusu mogya
mmrosoɔ

malalt / sà

yareɛ / apomuden

Socors!

Boa me!

alarma

kɔkɔbɔ

assalt

ɛborɔ

atac

ato ahyɛ obi so

perill

ɛyɛ hu

sortida-eixida d'urgència

baabi a yɛfa de pue putupru so

Foc!

Ogya!

extintor

afidie a yɛde dumgya

accident

nkwanhyia

farmaciola de primers auxilis

nneɛma yɛde sɔ yareɛ ano

SOS

SOS

policia

polisi

Europa

Yuropo

Amèrica del Nord

Amerika atifi

Amèrica del Sud

Amerika ananfɔ

Àfrica

Abiberm

Àsia

Asia

Austràlia

Australia

Atlàntic

Atlantik

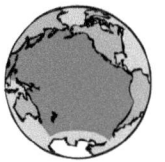

Pacífic

Pasifek

Oceà Índic

India po kɛseɛ

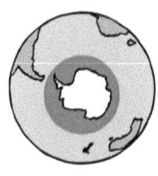

Oceà Antàrtic

Antaatek po keseɛ

Oceà Àrtic

Aatek po kɛseɛ

pol nord

Ewiase atifi

pol sud

Ewiase anaafoɔ

Antàrtida

Antaatek

terra

Ewiase

país

asaase

mar

ɛpo

illa

supɔ

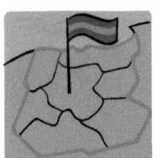

nació

ɔman

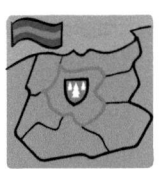

estat

ɔman

quadrant

klɔko no anim

agulla de les hores

dɔnhwere nsa no

agulla dels minuts

sima nsa

agulla dels segons

anitɛtɛ nsa no

Quina hora és?

Abɔ sɛn?

dia

da

temps

berɛ

ara

seeseiara

rellotge digital

wkye a nɔma wɔ so

minut

sima

hora

dɔnhwere

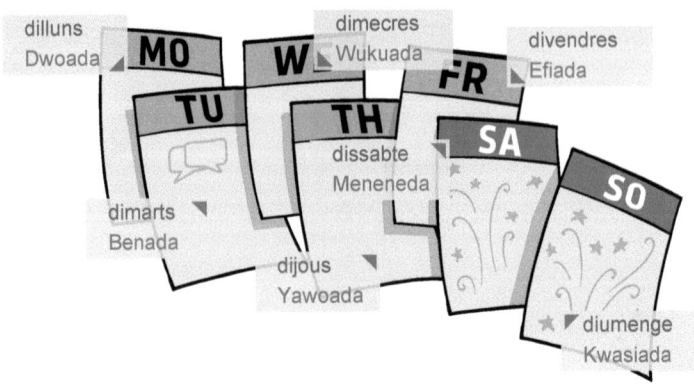

dilluns
Dwoada

MO

W Wukuada
dimecres

FR Efiada
divendres

TU

TH

SA

dissabte
Meneneda

SO

dimarts
Benada

dijous
Yawoada

diumenge
Kwasiada

ahir
....
ɛnora

avui
....
ɛnora

demà
....
ɔkyina

matí
....
anɔpa

migdia
....
prɛmtobrɛ

tarda
....
anwumerɛ

MO	TU	WE	TH	FR	SA	SU
1	2	3	4	5	6	7
8	9	10	11	12	13	14
15	16	17	18	19	20	21
22	23	24	25	26	27	28
29	30	31	1	2	3	4

dia feiner
....
adwuma nna

MO	TU	WE	TH	FR	SA	SU
1	2	3	4	5	6	7
8	9	10	11	12	13	14
15	16	17	18	19	20	21
22	23	24	25	26	27	28
29	30	31	1	2	3	4

cap de setmana
....
nnawɔtwe awieɛ

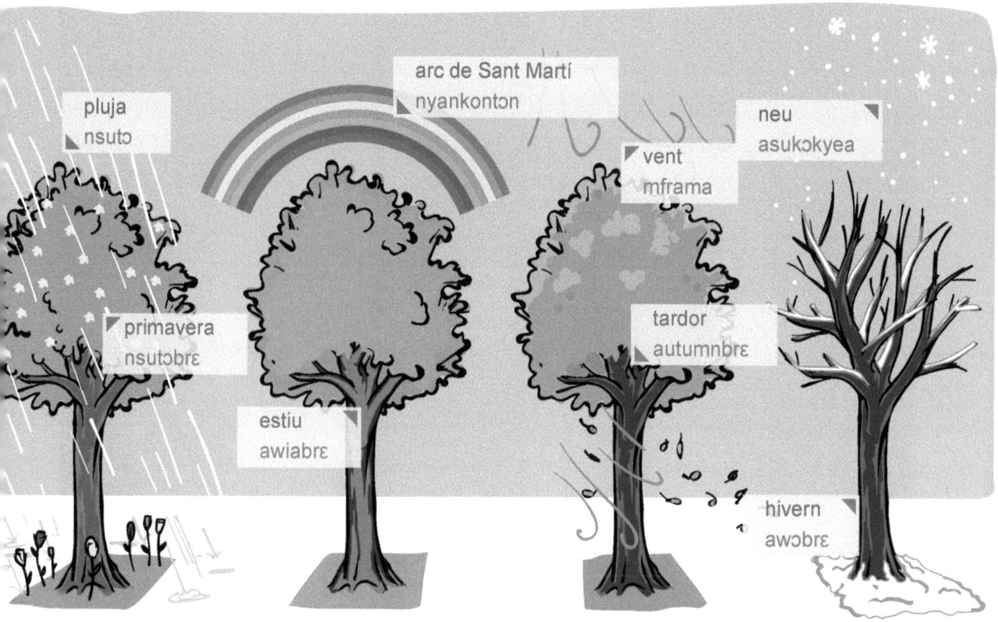

pluja
nsutɔ

arc de Sant Martí
nyankontɔn

neu
asukɔkyea

vent
mframa

primavera
nsutobrɛ

tardor
autumnbrɛ

estiu
awiabrɛ

hivern
awɔbrɛ

4.APRIL	11°	☀
5.APRIL	4°	☁
6.APRIL	13°	☂
7.APRIL	8°	❄
8.APRIL	10°	☀

pronòstic del temps

ewiem nsakrɛeɛ

termòmetre

afidie a esusu ade ho hyeɛ

llum del sol

awiabɔ

núvol

munukum

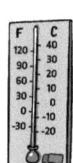

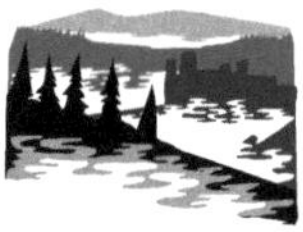

boira

ɛbɔ

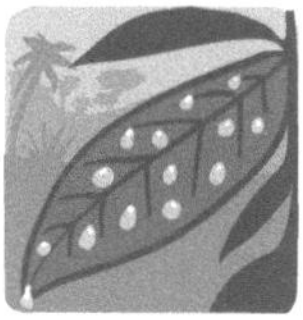

humiditat de l'aire

ewiem nsuo

llamp

ayerɛmo

tro

apranaa

tempesta

ehum

calamarsa

asukɔkyea

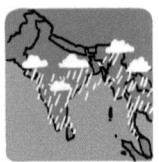

monsó

monsoonbrɛ

inundació

nsuyiri

gel

aise

gener

ɔpɛpɔn

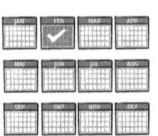

febrer

ɔgyefoɔ

març

ɔbɛnem

abril

Oforisuo

maig

Kotonimaa

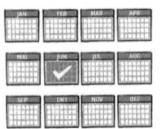

juny

Ayɛwohomumu

juliol

Kitawonsa

agost

ɔsanaa

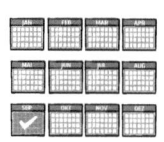

setembre
....
ɛbɔ

octubre
....
Ahinime

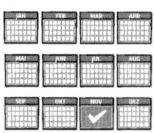

novembre
....
Obubuo

desembre
....
ɔpɛnimaa

formes

abosuo

cercle
....
kanko

quadrat
....
sokwɛɛ

rectangle
....
rɛktangel

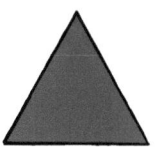

triangle
....
triangel

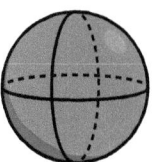

esfera
....
krukruwa

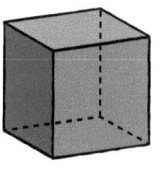

cub
....
adaka

blanc

fitaa

groc

akokɔ sradeɛ

taronja

ankaa

rosa

pink

vermell

kɔkɔɔ

lila

pɛpol

blau

bruu

verd

ahaban mono

marró

braun

gris

nson

negre

tuntum

molt / poc

pii / ketewa

emprenyat / tranquil

wo boafu / wɔ adwo

bonic / lleig

ɛyɛ fɛ / ɛyɛ tan

començament / fi

ahyɛseɛ / awieɛ

gran / petit

kɛseɛ / esua

clar / fosc

ɛha / esum

germà / germana

nuabarima / nuabaa

net / brut

ɛho te / ayɛ fin

complet / incomplet

awie / enwieɛ

dia / nit

awia / anadwo

mort / viu

awu / ɛte ase

ample / estret

emubae / ɛyɛ tea

comestible / immenjable

yɛde /yɛnni

dolent / amable

bɔne / tema

entusiasmat / entediat

wɔ aniagye / wɔ ani nka

gros / prim

ɔso / teatea

primer / darrer

edikan / etwatoɔ

amic / enemic

adamfoɔ / atamfo

ple / buit

ayɛ mma / hwee nim

dur / tou

ɛdenden / mmerɛ mmerɛ

pesant / lleuger

ɛyɛ duru / ɛyɛ ha

gana / set

ɛkɔm / nsukɔm

malalt / sà

yareɛ / apomuden

il·legal / legal

etia mmara / ɛwɔ mmara mu

intel·ligent / ximple

nyansa / gyimi

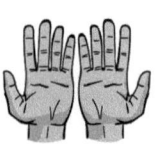

esquerra / dreta

benkum / nifa

prop / llunyà

ɛbɛn / akyire

nou / usat

foforɔ / dada

res / quelcom

hwee / biribi

vell / jove

wɔ anyini/ ɔsua

encès / apagat

sɔ /dum

obert / tancat

bue / tom

silenciós / sorollós

dinn / dede

ric / pobre

ɔdefoɔ / ohia

correcte / incorrecte

nifa / benkum

aspre / suau

werewerɛwerewerɛ /
trontron

trist / content

awerɛhoɔ / anigyeɛ

curt / llarg

tietia / tenten

lent / ràpid

nyaa / ntɛm

humit / sec - eixut

afɔ / awɔ

calent / fred

dedɛɛdeɛɛ / adwo

guerra / pau

akoo / asomdweɛ

nombres
nɔma

0

zero

hwee

1

u

baako

2

dos

mienu

3

tres

meɛnsa

4

quatre

ɛnan

5

cinc

enum

6

sis

nsia

7

set

nson

8

vuit

nwɔtwe

9

nou

nkron

10

deu

edu

11

onze

du-baako

12

dotze

du-mienu

13

tretze

du-meɛnsa

14

catorze

du-nan

15

quinze

du-num

16

setze

du-nsia

17

disset

de-nson

18

divuit

du-nwɔtwe

19

dinou

du-nkrɔn

20

vint

aduonu

100

cent

ɔha

1.000

mil

apem

1.000.000

milió

ɔpepem

anglès

Brɔfo

anglès americà

Amerikafoɔ Brɔfo

xinès mandarí

Chainfoɔ Mandarin

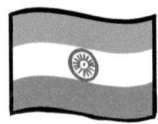

hindi

Hindi

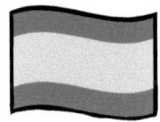

espanyol

Spainfoɔ kasa

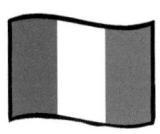

francès

French kasa

àrab

Arabia kasa

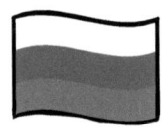

rus

Russianfoɔ kasa

portuguès

Portugalfoɔ kasa

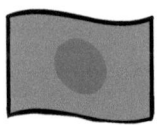

bengalí

Bengali

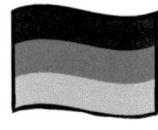

alemany

Germanfoɔ kasa

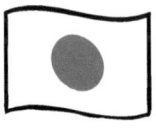

japonès

Japanfoɔ kasa

jo

Me

tu

wo

ell / ella / allò

ono

nosaltres

yɛn

vosaltres

wo

ells

ɔmmo

qui?

hwan?

què?

deɛ bɛn?

com?

ɛyɛ deɛn?

on?

ehen?

quan?

dabɛn?

nom

edin

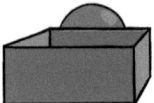

darrere

akyire

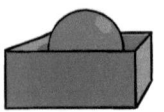

en

emu

davant de

anim

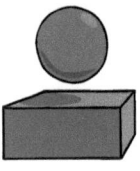

damunt

εsoro

sobre

εso

sota

aseε

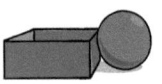

al costat

nkyεn

entre

ntεm

lloc

beaε

.